Maestría en el mercado de valores

codifique su camino hacia el éxito
de inversión con Python

Joan y Pere Cruz

Copyright © 2024 Joan y Pere Cruz

Todos los derechos reservados.

ISBN:

CONTENIDO

	DISCLAIMER	1
1	INTRODUCCIÓN AL FILTRADO DE ACCIONES (STOCK SCREENING) Y PYTHON	2
2	CREACIÓN DE SCREENERS DE BOLSA BASADOS EN FUNDAMENTOS FINANCIEROS	6
3	CREACIÓN DE SCREENERS DE BOLSA BASADOS EN ANÁLISIS TÉCNICO	14
4	COMBINANDO EL FILTRADO FUNDAMENTAL Y TÉCNICO	19
5	IMPLEMENTACIÓN Y AUTOMATIZACIÓN DE SCREENERS DE BOLSA	23
6	CONCLUSIÓN Y DIRECCIONES FUTURAS	25
7	EJEMPLOS	28

DISCLAIMER

Recuerda que la inversión en el mercado de valores implica riesgos y requiere un análisis cuidadoso y una gestión adecuada del riesgo.

Maestría en el mercado de valores

1 INTRODUCCIÓN AL FILTRADO DE ACCIONES (STOCK SCREENING) Y PYTHON

1.1: Introducción al Filtrado de Acciones (Stock Screening)

1.1.1: ¿Qué es el Filtrado de Acciones?

El filtrado de acciones, también conocido como "stock screening" en inglés, es una técnica de inversión que consiste en identificar acciones individuales que cumplen con ciertos criterios específicos. Estos criterios pueden basarse en factores fundamentales, como la rentabilidad de la empresa, la solidez financiera o las perspectivas de crecimiento, o bien en indicadores técnicos, como el precio de la acción, el volumen de negociación o los patrones de movimiento.

El objetivo del filtrado de acciones es reducir el universo de inversión a un conjunto más pequeño de acciones que potencialmente ofrecen un mayor rendimiento. Al enfocarse en acciones que cumplen con criterios específicos, los inversores pueden aumentar sus posibilidades de encontrar oportunidades de inversión rentables y evitar empresas con alto riesgo o bajo potencial.

1.1.2: Beneficios del Filtrado de Acciones

El filtrado de acciones ofrece varios beneficios a los inversores, entre ellos:

- **Reducción del universo de inversión:** Al limitar el número de acciones a considerar, el filtrado de acciones permite a los inversores ahorrar tiempo y esfuerzo en la investigación.
- **Identificación de oportunidades de inversión:** El filtrado de acciones puede ayudar a los inversores a descubrir acciones que podrían pasar desapercibidas bajo un análisis tradicional.
- **Mejora de la toma de decisiones:** Al basar las decisiones de inversión en criterios específicos, el filtrado de acciones puede ayudar a reducir la influencia de las emociones y los sesgos.
- **Construcción de carteras diversificadas:** El filtrado de acciones puede utilizarse para crear carteras diversificadas con diferentes características de riesgo y rendimiento.

1.1.3: Tipos de Filtrado de Acciones

Existen dos tipos principales de filtrado de acciones:

- **Filtrado fundamental:** Se basa en el análisis de los estados financieros y otras métricas de la empresa para evaluar su salud financiera, rentabilidad y perspectivas de crecimiento.
- **Filtrado técnico:** Se basa en el análisis de los movimientos históricos del precio de la acción y otros indicadores técnicos para identificar patrones y tendencias que sugieran futuras oportunidades de inversión.

1.2: Introducción a la Programación en Python

1.2.1: ¿Qué es Python?

Python es un lenguaje de programación de alto nivel ampliamente utilizado en diversos ámbitos, incluyendo el análisis de datos, el desarrollo web y la inteligencia artificial. Es conocido por su sintaxis simple y legible, lo que lo convierte en una opción popular para principiantes y programadores experimentados.

1.2.2: Beneficios de Usar Python para el Filtrado de Acciones

Python ofrece varias ventajas para el filtrado de acciones, entre ellas:

- **Versatilidad:** Python puede utilizarse para acceder a datos financieros, realizar análisis estadísticos y visualizar resultados.
- **Bibliotecas y herramientas:** Existen numerosas bibliotecas y herramientas de Python específicamente diseñadas para el análisis financiero y el filtrado de acciones.
- **Facilidad de uso:** La sintaxis simple de Python facilita el aprendizaje y la escritura de código para el filtrado de acciones.
- **Comunidad grande y activa:** Python cuenta con una gran comunidad de desarrolladores y usuarios que pueden ofrecer soporte y asistencia.

1.2.3: Primeros Pasos con Python

Para comenzar con Python, se recomienda seguir estos pasos:

- **Instalar Python:** Descargue e instale el intérprete de Python desde el sitio web oficial (https://www.python.org/downloads/).

- **Configurar un entorno de desarrollo:** Elija un editor de código o un entorno de desarrollo integrado (IDE) como Visual Studio Code o PyCharm para escribir y ejecutar código Python.
- **Aprender los conceptos básicos de Python:** Comience con los conceptos básicos de la sintaxis de Python, como variables, tipos de datos, operadores, estructuras de control y funciones.
- **Explorar recursos de aprendizaje:** Existen numerosos recursos disponibles en línea y en libros para aprender Python, como tutoriales, cursos y documentación oficial.

1.2.4: Recursos para Aprender Python

Aquí hay algunos recursos útiles para aprender Python:

- **Documentación oficial de Python:** https://www.python.org/doc/
- **Tutoriales de Python:**
- https://realpython.com/
- **Curso gratuito de Python en Coursera:** https://www.coursera.org/learn/python
- ****Libro: "Automate the Boring Stuff with Python" de Al

2 CREACIÓN DE SCREENERS DE BOLSA BASADOS EN FUNDAMENTOS FINANCIEROS

2.1: Análisis de Estados Financieros

2.1.1: Importancia del Análisis de Estados Financieros

El análisis de estados financieros es fundamental para comprender la salud financiera, la rentabilidad y las perspectivas de crecimiento de una empresa. Los estados financieros proporcionan información valiosa sobre los ingresos, gastos, activos, pasivos y patrimonio de una empresa.

2.1.2: Estados Financieros Clave

Los tres estados financieros principales son:

- **Cuenta de resultados:** Muestra los ingresos, gastos y beneficios de la empresa durante un período determinado.

- **Balance general:** Proporciona una instantánea de la situación financiera de la empresa en un momento determinado, incluyendo sus activos, pasivos y patrimonio.
- **Estado de flujo de efectivo:** Muestra los flujos de efectivo de la empresa durante un período determinado, clasificándolos en actividades operativas, de inversión y de financiación.

2.1.3: Ratios Financieros Fundamentales

Los ratios financieros se calculan utilizando datos de los estados financieros y proporcionan información útil sobre el desempeño financiero de una empresa. Algunos ratios financieros fundamentales incluyen:

- **Ratio P/E (Precio-Beneficio):** Compara el precio de la acción con las ganancias por acción, indicando la valoración relativa de la empresa.
- **Ratio deuda/patrimonio:** Mide la capacidad de la empresa para cumplir con sus obligaciones financieras, comparando sus pasivos con su patrimonio.
- **Ratio de margen de beneficio neto:** Indica la rentabilidad de la empresa, expresando la proporción de ingresos que se convierten en beneficios netos.
- **Ratio de rendimiento sobre la inversión (ROI):** Evalúa la eficiencia con la que la empresa utiliza sus activos para generar ganancias.

2.2: Filtrado Basado en Ratios Financieros

2.2.1: Implementación de Screeners de Bolsa Basados en Ratios

Utilizando Python, podemos crear screeners de bolsa que filtren acciones en función de criterios específicos basados en ratios financieros. El proceso general implica:

1. **Obtener datos financieros:** Acceder a datos financieros históricos o en tiempo real de empresas públicas, utilizando bibliotecas como Yahoo Finance o Alpha Vantage.
2. **Calcular ratios financieros:** Implementar funciones para calcular ratios financieros relevantes, como los mencionados anteriormente.
3. **Aplicar criterios de filtrado:** Definir criterios de filtrado basados en los valores de los ratios financieros, por ejemplo, seleccionar acciones con un ratio P/E inferior a 20 o un ratio de deuda/patrimonio menor a 1.
4. **Identificar acciones coincidentes:** Identificar las acciones que cumplen con todos los criterios de filtrado especificados.

2.2.2: Ejemplo de Filtrado Basado en Ratios

A continuación, se muestra un ejemplo de código Python para filtrar acciones con un ratio P/E inferior a 20 y un ratio de deuda/equity menor a 1:

```python
# Importar librerías
import pandas as pd
from finta import TA
import yfinance as yf

# Definir símbolos a analizar
symbols = ["MSFT", "AAPL", "GOOGL", "AMZN", "TSLA", "AA", "ABBV"]

filtered_data = {}
for symbol in symbols:
    data = yf.download(symbol, period="5y", interval="1d")
    ohlc = data[["Open", "High", "Low", "Close"]].copy()
    ohlc.columns = ["open", "high", "low", "close"]
    sma200 = TA.SMA(ohlc, 200, "close")
    sma50 = TA.SMA(ohlc, 50, "close")
    if (sma200[-1] < sma50[-1]) :
        filtered_data[symbol] = data

for symbol, data in filtered_data.items():
    print(f"Symbol: {symbol}")
    print(data.tail(1))
```

2.3: Técnicas Avanzadas de Filtrado Fundamental

2.3.1: Análisis de DuPont

El análisis de DuPont descompone el ratio de rentabilidad sobre la inversión (ROI) en sus componentes, proporcionando información más detallada sobre los factores que impulsan la rentabilidad de una empresa.

2.3.2: Puntuación Z de Altman

La puntuación Z de Altman es un modelo de predicción de quiebras que utiliza ratios financieros para evaluar la probabilidad de que una empresa quiebre.

2.3.3: Consideraciones para el Filtrado Avanzado

Al implementar técnicas de filtrado fundamental más avanzadas, es importante considerar:

- **Selección de ratios y modelos adecuados:** Elegir ratios y modelos que sean relevantes para la industria y el tipo de empresa que se está analizando.
- **Interpretación de resultados:** Comprender los factores que aparecen y ser capaces de ver si estos son buenos.

2.3.4: Campos disponibles en el campo info de yFinance para Screeners Automatizados

La librería yFinance de Python proporciona una gran cantidad de información financiera para cada símbolo de bolsa. Al acceder a la propiedad info de un objeto yf.Ticker, se obtiene un diccionario con una amplia gama de datos relevantes para el análisis y la selección de acciones.

En esta sección, exploraremos los diferentes campos disponibles en el campo info que pueden ser útiles para crear screeners automatizados de acciones.

Acceso al campo info:

Para acceder al campo info de un objeto yf.Ticker, se utiliza la siguiente sintaxis:

```
1 ticker = yf.Ticker("AAPL")
2 info = ticker.info
```

La variable info contendrá un diccionario con información detallada sobre la empresa representada por el símbolo.

Campos relevantes para screeners:

Dentro del diccionario info, encontrará una gran cantidad de campos que pueden ser útiles para crear screeners automatizados. Con un simple código podemos ver todo lo que nos ofrece esta librería.

```
1 # Importar librerias
2 import pandas as pd
3 from finta import TA
4 import yfinance as yf
5
6 ticker = yf.Ticker("MSFT")
7 stocksinfo = ticker.info
8 for key,value in stocksinfo.items():
9     print(key, ":",value)
```

Esto nos saca la siguiente información sobre la empresa Microsoft:

Maestría en el mercado de valores

```
 1 auditRisk : 2
 2 boardRisk : 5
 3 compensationRisk : 2
 4 shareHolderRightsRisk : 2
 5 overallRisk : 1
 6 governanceEpochDate : 1711929600
 7 compensationAsOfEpochDate : 1703980800
 8 irWebsite : http://www.microsoft.com/investor/default.aspx
 9 maxAge : 86400
10 priceHint : 2
11 previousClose : 400.96
12 open : 404.25
13 dayLow : 403.06
14 dayHigh : 408.2
15 regularMarketPreviousClose : 400.96
16 regularMarketOpen : 404.25
17 regularMarketDayLow : 403.06
18 regularMarketDayHigh : 408.2
19 dividendRate : 3.0
20 dividendYield : 0.0074
21 exDividendDate : 1715731200
22 payoutRatio : 0.2523
23 fiveYearAvgDividendYield : 0.95
24 beta : 0.877
25 trailingPE : 36.884163
26 forwardPE : 32.527534
27 volume : 15602523
28 regularMarketVolume : 15602523
29 averageVolume : 21315140
30 averageVolume10days : 19289920
31 averageDailyVolume10Day : 19289920
32 bid : 407.36
33 ask : 407.57
34 bidSize : 100
35 askSize : 100
36 marketCap : 3028424589312
37 fiftyTwoWeekLow : 292.73
38 fiftyTwoWeekHigh : 430.82
39 priceToSalesTrailing12Months : 13.306902
40 fiftyDayAverage : 414.5324
41 twoHundredDayAverage : 368.33395
42 trailingAnnualDividendRate : 2.86
43 trailingAnnualDividendYield : 0.007132881
44 currency : USD
45 enterpriseValue : 3058798952448
46 profitMargins : 0.36269
47 floatShares : 7418919053
48 sharesOutstanding : 7430439936
49 sharesShort : 55771473
50 sharesShortPriorMonth : 48235867
51 sharesShortPreviousMonthDate : 1709164800
52 dateShortInterest : 1711584000
53 sharesPercentSharesOut : 0.0075
54 heldPercentInsiders : 0.00054000004
55 heldPercentInstitutions : 0.73787004
56 shortRatio : 2.6
57 shortPercentOfFloat : 0.0075
58 impliedSharesOutstanding : 7430439936
59 bookValue : 32.06
60 priceToBook : 12.712726
```

Maestría en el mercado de valores

```
 1 lastFiscalYearEnd : 1688083200
 2 nextFiscalYearEnd : 1719705600
 3 mostRecentQuarter : 1703980800
 4 earningsQuarterlyGrowth : 0.332
 5 netIncomeToCommon : 82541002752
 6 trailingEps : 11.05
 7 forwardEps : 12.53
 8 pegRatio : 2.44
 9 lastSplitFactor : 2:1
10 lastSplitDate : 1045526400
11 enterpriseToRevenue : 13.44
12 enterpriseToEbitda : 25.829
13 52WeekChange : 0.37986255
14 SandP52WeekChange : 0.25013864
15 lastDividendValue : 0.75
16 lastDividendDate : 1707868800
17 exchange : NMS
18 quoteType : EQUITY
19 symbol : MSFT
20 underlyingSymbol : MSFT
21 shortName : Microsoft Corporation
22 longName : Microsoft Corporation
23 firstTradeDateEpochUtc : 511108200
24 timeZoneFullName : America/New_York
25 timeZoneShortName : EDT
26 uuid : b004b3ec-de24-385e-b2c1-923f10d3fb62
27 messageBoardId : finmb_21835
28 gmtOffSetMilliseconds : -14400000
29 currentPrice : 407.57
30 targetHighPrice : 516.03
31 targetLowPrice : 279.69
32 targetMeanPrice : 433.88
33 targetMedianPrice : 436.28
34 recommendationMean : 1.7
35 recommendationKey : buy
36 numberOfAnalystOpinions : 48
37 totalCash : 80981999616
38 totalCashPerShare : 10.899
39 ebitda : 118427000832
40 totalDebt : 111358001152
41 quickRatio : 1.096
42 currentRatio : 1.218
43 totalRevenue : 227583000576
44 debtToEquity : 46.736
45 revenuePerShare : 30.612
46 returnOnAssets : 0.1519
47 returnOnEquity : 0.39174
48 freeCashflow : 58680999936
49 operatingCashflow : 102646996992
50 earningsGrowth : 0.332
51 revenueGrowth : 0.176
52 grossMargins : 0.69815004
53 ebitdaMargins : 0.52037
54 operatingMargins : 0.43585998
55 financialCurrency : USD
56 trailingPegRatio : 2.0667
```

Ejemplo de uso:

Para ilustrar cómo utilizar estos campos para crear un screener básico, consideremos el siguiente ejemplo:

```
# Importar librerias
import pandas as pd
from finta import TA
import yfinance as yf

ticker = yf.Ticker("MSFT")
info = ticker.info

# Filtrar empresas con capitalización de mercado superior a $100 mil millones
if info["marketCap"] > 100000000000:
    # Procesar la empresa que cumple con el criterio
    print(f"Nombre: {info['longName']}")
    print(f"Capitalización de mercado: ${info['marketCap']:,.2f}")
    print(f"Relación P/E: {info['forwardPE']:.2f}")
```

Este código simple filtra las empresas con una capitalización de mercado superior a $100 mil millones y muestra información relevante para cada empresa que cumple con el criterio.

Conclusión:

El campo info de la librería yFinance ofrece una riqueza de información que puede ser aprovechada para crear screeners automatizados de acciones sofisticados. Al comprender y utilizar estos campos de manera efectiva, los inversores pueden identificar y seleccionar acciones que se ajusten a sus criterios de inversión específicos.

3 CREACIÓN DE SCREENERS DE BOLSA BASADOS EN ANÁLISIS TÉCNICO

Sección 3: Creación de Screeners de Bolsa Basados en Análisis Técnico

3.1: Introducción al Análisis Técnico

3.1.1: ¿Qué es el Análisis Técnico?

El análisis técnico es una metodología de inversión que se basa en el estudio de los movimientos históricos del precio de una acción y otros indicadores técnicos para identificar patrones y tendencias que puedan sugerir futuras oportunidades de inversión o riesgos potenciales.

3.1.2: Principios Fundamentales del Análisis Técnico

Los principios fundamentales del análisis técnico incluyen:

- **El precio lo refleja todo:** El precio de una acción refleja toda la información disponible sobre la empresa, incluyendo sus

fundamentos, las perspectivas del mercado y la psicología de los inversores.
- **Los movimientos del precio se repiten:** Los patrones y tendencias del precio tienden a repetirse en el tiempo, lo que puede ser utilizado para identificar oportunidades de inversión y evitar riesgos.
- **El análisis técnico es una herramienta de probabilidad:** El análisis técnico no proporciona predicciones precisas, sino probabilidades de que se produzcan ciertos movimientos del precio.

3.1.3: Indicadores Técnicos Comunes

Algunos indicadores técnicos comunes incluyen:

- **Medias móviles:** Promedios del precio de la acción durante un período determinado, utilizados para identificar tendencias y suavizar las fluctuaciones del precio.
- **Indicadores de volumen:** Miden el volumen de negociación de una acción, lo que puede indicar la fuerza de una tendencia o la presencia de un cambio de tendencia.
- **Indicadores de momento:** Evalúan la velocidad y la magnitud del movimiento del precio, ayudando a identificar posibles reversiones o continuaciones de tendencias.

3.2: Implementación de Screeners de Análisis Técnico

3.2.1: Importación de Bibliotecas y Datos

Para implementar screeners de análisis técnico en Python, se utilizan bibliotecas como pandas y ta-lib para manipular datos financieros y calcular indicadores técnicos.

3.2.2: Cálculo de Indicadores Técnicos

Las bibliotecas como finta proporcionan funciones para calcular una amplia gama de indicadores técnicos. Se pueden seleccionar los indicadores relevantes para la estrategia de inversión específica.

3.2.3: Aplicación de Criterios de Filtrado

Se definen criterios de filtrado basados en los valores de los indicadores técnicos. Por ejemplo, se pueden filtrar acciones con una media móvil de 50 días por encima de la media móvil de 200 días, indicando una tendencia alcista.

3.2.4: Identificación de Acciones Coincidentes

Se identifica el conjunto de acciones que cumplen con todos los criterios de filtrado especificados.

3.3: Ejemplo de Screener de Análisis Técnico

A continuación, se muestra un ejemplo de código Python para filtrar acciones con una media móvil de 50 días por encima de la media móvil de 200 días:

```python
# Importar librerias
import pandas as pd
from finta import TA
import yfinance as yf

# Definir simbolos a analizar
symbols = ["MSFT", "AAPL", "GOOGL", "AMZN", "TSLA", "AA", "ABBV"]

filtered_data = {}
for symbol in symbols:
    data = yf.download(symbol, period="5y", interval="1d")
    ohlc = data[["Open", "High", "Low", "Close"]].copy()
    ohlc.columns = ["open", "high", "low", "close"]
    sma200 = TA.SMA(ohlc, 200, "close")
    sma50 = TA.SMA(ohlc, 50, "close")
    if (sma200[-1] < sma50[-1]) :
        filtered_data[symbol] = data

for symbol, data in filtered_data.items():
    print(f"Symbol: {symbol}")
    print(data.tail(1))
```

3.4: Análisis Técnico con la Librería FinTA

La librería FinTA para Python ofrece una amplia gama de herramientas para el análisis técnico, incluyendo el cálculo de indicadores, la visualización de gráficos y la generación de señales. Es una herramienta valiosa para crear screeners automatizados de acciones que incorporen criterios técnicos.

3.4.1 Instalación de FinTA

Para instalar la librería FinTA, puedes utilizar el siguiente comando en tu terminal:

pip install finta

3.4.2 Cálculo de Indicadores Técnicos

FinTA proporciona funciones para calcular una gran variedad de indicadores técnicos, como:

- **Promedios móviles:** Media móvil simple (SMA), media móvil exponencial (EMA), media móvil ponderada (WMA).
- **Osciladores:** Índice de fuerza relativa (RSI), estocástico, MACD.
- **Volatilidad:** Rango verdadero promedio (ATR), desviación estándar.
- **Momentos:** Momentum, aceleración.

Ejemplo de cálculo de SMA:

```
1
2  from finta import TA
3  import pandas as pd
4  import yfinance as yf
5  # Descargar datos de precios para AAPL
6  data = yf.download("AAPL", period="1y")
7  ohlc = data[["Open", "High", "Low", "Close"]].copy()
8  ohlc.columns = ["open", "high", "low", "close"]
9
10 # Calcular SMA de 50 días
11 sma_50 = TA.SMA(ohlc, 50, "close")
12
13 # Agregar SMA a la DataFrame
14 data["SMA_50"] = sma_50
15
16 # Visualizar gráfico de precios con SMA
17 data.plot(y=["Close", "SMA_50"])
18
```

3.4.3 Ejemplos de Indicadores para Screeners

- **Cruce de medias móviles:** Buscar acciones donde la SMA de corto plazo cruce por encima de la SMA de largo plazo, indicando una posible tendencia alcista.
- **Divergencia RSI:** Identificar acciones donde el RSI diverge con respecto al precio, señalando una posible inversión de tendencia.
- **Ruptura de canales:** Detectar acciones que rompan por encima o por debajo de un canal de precios definido, indicando un cambio en la tendencia.

4 COMBINANDO EL FILTRADO FUNDAMENTAL Y TÉCNICO

4.1: Introducción a la Inversión Basada en Análisis Fundamental y Técnico

La inversión basada en análisis fundamental y técnico combina dos metodologías de inversión para identificar oportunidades de inversión con mayor potencial.

4.2: Análisis Fundamental

El análisis fundamental se centra en la evaluación de la salud financiera y las perspectivas de crecimiento a largo plazo de una empresa. Los indicadores fundamentales comunes incluyen:

- **Relación precio-beneficio (P/E):** Compara el precio de la acción con sus ganancias por acción.
- **Relación precio-ventas (P/S):** Compara el precio de la acción con sus ventas totales.
- **Margen de beneficio neto:** Mide la rentabilidad de la empresa.

- **Relación deuda-capital:** Evalúa la capacidad de la empresa para pagar sus deudas.

4.3: Análisis Técnico

El análisis técnico se basa en el estudio de los movimientos históricos del precio de una acción y otros indicadores técnicos para identificar patrones y tendencias. Los indicadores técnicos comunes incluyen:

- **Medias móviles:** Promedios del precio de la acción durante un período determinado.
- **Indicadores de volumen:** Miden el volumen de negociación de una acción.
- **Indicadores de momento:** Evalúan la velocidad y la magnitud del movimiento del precio.

4.4: Combinando Análisis Fundamental y Técnico

Al combinar el análisis fundamental y técnico, se puede obtener una visión más completa de una empresa y sus perspectivas de inversión.

- **Análisis fundamental para identificar empresas sólidas:** Evaluar la salud financiera, el crecimiento potencial y la calidad de la gestión.
- **Análisis técnico para identificar puntos de entrada y salida:** Utilizar indicadores técnicos para identificar momentos de compra y venta ventajosos.

4.5: Ejemplo de Implementación

A continuación, se muestra un ejemplo de código Python para filtrar acciones con una fuerte relación P/E y una tendencia alcista en el precio:

```python
# Importar librerías
import pandas as pd
from finta import TA
import yfinance as yf

# Definir símbolos a analizar
symbols = ["MSFT", "AAPL", "GOOGL", "AMZN", "TSLA", "AA", "ABBV"]

filtered_data = {}
for symbol in symbols:
    data = yf.download(symbol, period="5y", interval="1d")
    ohlc = data[["Open", "High", "Low", "Close"]].copy()
    ohlc.columns = ["open", "high", "low", "close"]
    sma200 = TA.SMA(ohlc, 200, "close")
    sma50 = TA.SMA(ohlc, 50, "close")
    financeData = yf.Ticker(symbol)
    stocksinfo = financeData.info
    pe = stocksinfo['forwardPE']
    if ((sma200[-1] < sma50[-1]) and pe < 20):
        filtered_data[symbol] = data

for symbol, data in filtered_data.items():
    print(f"Symbol: {symbol}")
    print(data.tail(1))
```

4.6: Consideraciones para la Combinación de Análisis Fundamental y Técnico

- **Equilibrar los dos enfoques:** Asignar el peso adecuado a cada tipo de análisis en función de la estrategia de inversión y el tipo de mercado.
- **Validación y optimización:** Validar la estrategia de filtrado con datos históricos y optimizar los criterios para mejorar su rendimiento.

- **Monitoreo continuo:** Monitorear los indicadores fundamentales y técnicos de forma regular para ajustar la estrategia según sea necesario.

4.7: Recursos para Inversión Basada en Análisis Fundamental y Técnico

Existen numerosos recursos disponibles para aprender sobre inversión basada en análisis fundamental y técnico, incluyendo libros, cursos online y software de análisis financiero.

Recuerda que este es un ejemplo simplificado y que la implementación de estrategias de inversión combinando análisis fundamental y técnico puede requerir codificación adicional y análisis más profundos.

5 IMPLEMENTACIÓN Y AUTOMATIZACIÓN DE SCREENERS DE BOLSA

5.1: Introducción a la Automatización de Screeners de Bolsa

La automatización de screeners de bolsa permite ejecutar estrategias de filtrado de forma regular y eficiente, ahorrando tiempo y mejorando la consistencia.

5.2: Implementación de un Screener Automatizado

Los pasos generales para implementar un screener automatizado incluyen:

1. **Definir la estrategia de filtrado:** Especificar los criterios de selección de acciones, incluyendo indicadores técnicos, análisis fundamental u otros factores relevantes.
2. **Desarrollar el código de filtrado:** Escribir código Python utilizando bibliotecas como pandas, yfinance, ta-lib o finta para

recopilar datos, calcular indicadores y aplicar los criterios de filtrado.
3. **Programar la ejecución automática:** Utilizar herramientas de programación como cron o Celery para ejecutar el código de filtrado de forma regular, por ejemplo, diariamente o semanalmente.
4. **Almacenar y visualizar resultados:** Guardar los resultados del filtrado en una base de datos o archivo CSV, y crear visualizaciones para analizar las acciones identificadas.

5.3: Consideraciones para la Automatización de Screeners de Bolsa

- **Frecuencia de ejecución:** Ajustar la frecuencia de ejecución del screener en función de la estrategia de inversión y la volatilidad del mercado.
- **Manejo de errores:** Implementar mecanismos para manejar errores de datos, fallos de conexión o cambios en las APIs de datos.
- **Monitoreo y mantenimiento:** Monitorear el rendimiento del screener y realizar ajustes periódicos al código o la estrategia de filtrado.

5.5: Recursos para la Automatización de Screeners de Bolsa

Existen numerosas herramientas y recursos disponibles para la automatización de tareas financieras, incluyendo plataformas de desarrollo de código, APIs de datos financieros y herramientas de programación en la nube.

6 CONCLUSIÓN Y DIRECCIONES FUTURAS

6.1: Resumen y Reflexiones Finales

El libro "Maestría en el mercado de valores codifique su camino hacia el éxito de inversión con Python" proporciona una introducción práctica a la inversión basada en análisis fundamental y técnico utilizando Python. Abarca desde conceptos básicos de finanzas y programación hasta la implementación de screeners de bolsa automatizados y estrategias de inversión cuantitativas.

6.2: Beneficios de la Inversión Basada en Código

La inversión basada en código ofrece numerosos beneficios, incluyendo:

- **Eficiencia y automatización:** Automatizar tareas repetitivas como la recopilación de datos, el cálculo de indicadores y la ejecución de estrategias.
- **Consistencia y disciplina:** Eliminar el sesgo emocional y aplicar estrategias consistentes de forma sistemática.

- **Backtesting y optimización:** Evaluar el rendimiento de estrategias pasadas y optimizar parámetros para mejorar su efectividad.

6.3: Direcciones Futuras para la Inversión Cuantitativa

El campo de la inversión cuantitativa continúa evolucionando, con nuevas técnicas y herramientas emergentes constantemente. Algunas áreas de interés futuro incluyen:

- **Aprendizaje automático e inteligencia artificial:** Aplicar algoritmos de aprendizaje automático para identificar patrones complejos en datos financieros y desarrollar estrategias de inversión predictivas.
- **Inversión algorítmica de alta frecuencia:** Utilizar algoritmos de alta velocidad para ejecutar transacciones en mercados financieros con mayor precisión y rapidez.
- **Inversión basada en datos alternativos:** Incorporar datos no tradicionales, como datos de redes sociales o indicadores de sentimiento del mercado, en las estrategias de inversión.

6.4: Recomendaciones para Continuar Aprendiendo

Para continuar aprendiendo sobre inversión cuantitativa y desarrollar sus habilidades de programación financiera, se recomienda:

- Leer libros y artículos sobre inversión cuantitativa, análisis técnico y programación de Python.
- Tomar cursos en línea o asistir a conferencias sobre inversión algorítmica y finanzas computacionales.
- Practicar la implementación de estrategias de inversión cuantitativa utilizando herramientas de programación y plataformas de backtesting.

- **Unirse a comunidades en línea y foros de discusión para interactuar con otros inversores cuantitativos y programadores financieros.**

6.5: Conclusión Final

La inversión basada en código ofrece una poderosa herramienta para los inversores que buscan mejorar sus resultados y tomar decisiones de inversión más informadas. Al combinar el conocimiento financiero con las habilidades de programación, los inversores pueden desarrollar estrategias de inversión personalizadas y automatizadas que les ayuden a alcanzar sus objetivos financieros a largo plazo.

Recuerda que la inversión en el mercado de valores implica riesgos y requiere un análisis cuidadoso y una gestión adecuada del riesgo.

7 EJEMPLOS

7.1 Screener de Cruce de Medias Móviles utilizando Python

```python
import yfinance as yf
import pandas as pd
import datetime

def moving_average_crossover_screener(symbol, start_date, end_date):
    # Download historical stock data using yfinance
    stock_data = yf.download(symbol)

    # Calculate 50-day and 200-day moving averages
    stock_data['MA50'] = stock_data['Close'].rolling(window=50).mean()
    stock_data['MA200'] = stock_data['Close'].rolling(window=200).mean()

    # Generate buy signals (MA50 crosses above MA200)
    buy_signals = stock_data[(stock_data['MA50'] > stock_data['MA200']) &
                             (stock_data['MA50'].shift(1) <
    stock_data['MA200'].shift(1))]

    return buy_signals

# Example usage: Screening for Moving Average Crossover for AAPL stock
start_date = datetime.datetime(2023, 1, 1)
end_date = datetime.datetime(2024, 1, 1)
symbol = 'AAPL'  # Stock symbol (e.g., Apple Inc.)

# Run the moving average crossover screener
results = moving_average_crossover_screener(symbol, start_date, end_date)

# Print the stocks where MA50 crossed above MA200
if not results.empty:
    print("Stocks where 50-day MA crossed above 200-day MA:")
    print(results)
else:
    print("No stocks found with a moving average crossover.")
```

Importamos **yfinance** para descargar datos históricos de precios de acciones para un símbolo específico (**AAPL** en este ejemplo).

Utilizamos **pandas** para calcular las medias móviles de 50 días (**MA50**) y 200 días (**MA200**) basadas en los precios de cierre.

Identificamos señales de compra donde la media móvil de 50 días (MA50) cruza por encima de la media móvil de 200 días (MA200), lo que sugiere una posible tendencia alcista.

Finalmente, imprimimos las acciones y fechas correspondientes donde se cumple la condición de cruce de medias móviles.

7.2 Relative Strength Index (RSI) Screener

Vamos a hacer un screener que busque acciones con valores de RSI inferiores a 30, lo que sugiere condiciones de sobreventa y posibles oportunidades de compra.

```python
import yfinance as yf
import pandas as pd

def rsi_screener(symbol, rsi_threshold=30):
    # Descargar datos históricos de acciones utilizando yfinance
    stock_data = yf.Ticker(symbol).history(period="max")

    # Calcular el RSI (Indice de Fuerza Relativa)
    delta = stock_data['Close'].diff()
    gain = (delta.where(delta > 0, 0)).rolling(window=14).mean()
    loss = (-delta.where(delta < 0, 0)).rolling(window=14).mean()
    rs = gain / loss
    rsi = 100 - (100 / (1 + rs))

    # Filtrar acciones con RSI por debajo del umbral especificado
    oversold_stocks = stock_data[rsi < rsi_threshold]

    return oversold_stocks

# Ejemplo de uso: Screening para RSI por debajo de 30 para la acción AAPL
(Apple Inc.)
symbol = 'AAPL'  # Símbolo de la acción (por ejemplo, Apple Inc.)

# Ejecutar el screener de RSI
results = rsi_screener(symbol)

# Imprimir las acciones con RSI por debajo del umbral
if not results.empty:
    print("Acciones con RSI por debajo de 30:")
    print(results)
else:
    print("No se encontraron acciones con RSI por debajo de 30.")
```

Utilizamos **yfinance** para obtener datos históricos de precios de acciones sin especificar un rango de fechas específico (**period="max"**) obtiene todos los datos disponibles).

Calculamos el **RSI** (Índice de Fuerza Relativa) utilizando la fórmula estándar de cálculo con una ventana de 14 días.

Filtramos las acciones donde el valor de RSI es menor que el umbral especificado (rsi_threshold = 30), lo cual indica condiciones de sobreventa.

7.3 Analizador de aumento de volumen

Aquí presentamos un ejemplo de un Screener que detecta un aumento significativo en el volumen de negociación utilizando Python y yfinance.

```python
import yfinance as yf
import pandas as pd

def volume_screener(symbol, volume_multiplier=2.0):
    # Descargar datos históricos de acciones utilizando yfinance
    stock_data = yf.Ticker(symbol).history(period="max")

    # Calcular el promedio móvil del volumen
    stock_data['VolumeMA'] = stock_data['Volume'].rolling(window=20).mean()

    # Filtrar acciones con volumen reciente mayor que el promedio móvil
    # del volumen multiplicado por el factor
    high_volume_stocks = stock_data[stock_data['Volume'] > (stock_data['VolumeMA'] * volume_multiplier)]

    return high_volume_stocks

# Ejemplo de uso: Screening para aumento significativo de volumen para la
# acción AAPL (Apple Inc.)
symbol = 'AAPL'  # Símbolo de la acción (por ejemplo, Apple Inc.)

# Ejecutar el screener de volumen
results = volume_screener(symbol)

# Imprimir las acciones con aumento significativo de volumen
if not results.empty:
    print("Acciones con aumento significativo de volumen:")
    print(results)
else:
    print("No se encontraron acciones con aumento significativo de volumen.")
```

Este screener identifica acciones donde el volumen de negociación reciente es mayor que un múltiplo del promedio móvil del volumen, lo que puede indicar un aumento en el interés del mercado

Utilizamos yfinance para obtener datos históricos de precios de acciones sin especificar un rango de fechas específico (period="max" obtiene todos los datos disponibles).

Calculamos el promedio móvil del volumen (VolumeMA) utilizando una ventana de 20 días.

Filtramos las acciones donde el volumen de negociación reciente es mayor que el promedio móvil del volumen multiplicado por un factor (volume_multiplier), lo que indica un aumento significativo en el volumen de negociación.

7.4 Ejemplo de acciones con el precio actual por encima de 52 semanas

En el siguiente ejemplo vemos solo acciones que estén por encima de sus máximos de 52 semanas.

Maestría en el mercado de valores

```
import yfinance as yf
import math

def price_above_52_week_high(symbol):
    stock_data = yf.Ticker(symbol).history(period="1y")
    current_price = stock_data['Close'][-1]
    max_52_weeks = stock_data['High'].rolling(window=252).max()[-2]

    print(max_52_weeks)
    print(current_price)
    return current_price >= max_52_weeks

# Uso:
symbol = 'VST'
is_candidate = price_above_52_week_high(symbol)
print(f"¿La acción {symbol} está por encima del máximo de 52 semanas? {is_candidate}")
```

7.5 Encontrar picos de volumen

```
import yfinance as yf

def volume_above_ma(symbol):
    stock_data = yf.Ticker(symbol).history(period="1y")
    current_volume = stock_data['Volume'][-1]
    volume_ma = stock_data['Volume'].rolling(window=20).mean()[-1]
    return current_volume >= volume_ma

# Uso:
symbol = 'ISUN'
is_candidate = volume_above_ma(symbol)
print(f"¿La acción {symbol} tiene volumen actual por encima del promedio móvil de 20 días? {is_candidate}")
```

En esta ocasión estamos buscando que en el dia de hoy lleve mas volumen que la media de los 20 dias anteriores.

7.6 Encontrar mínimos de 52 semanas

Maestría en el mercado de valores

```
import yfinance as yf

def price_below_52_week_low(symbol):
    stock_data = yf.Ticker(symbol).history(period="1y")
    current_price = stock_data['Close'][-1]
    min_52_weeks = stock_data['Low'].rolling(window=252).min()[-2]
    print(current_price)
    print(min_52_weeks)
    return current_price <= min_52_weeks

# Uso:
symbol = 'SPT'
is_candidate = price_below_52_week_low(symbol)
print(f"¿La acción {symbol} está por debajo del mínimo de 52 semanas? {is_candidate}")
```

Con este código Python podemos encontrar las acciones con precio por debajo del mínimo de 52 semanas.

7.7 Encontrar acciones que suben mas de un 5%

```
import yfinance as yf

def significant_daily_price_change(symbol, threshold=5.0):
    stock_data = yf.Ticker(symbol).history(period="1y")
    price_change_percent = stock_data['Close'].pct_change()[-1] * 100
    return abs(price_change_percent) > threshold

# Uso:
symbol = 'TEVA'
is_candidate = significant_daily_price_change(symbol)
print(f"¿La acción {symbol} experimentó un cambio porcentual diario significativo? {is_candidate}")
```

En este screener encontramos aquellas acciones que tengan durante el dia de hoy un incremento de precio de mas de un 5%.

7.8 Acciones con el precio cerca de la SMA 50

```
import yfinance as yf

def price_near_ma(symbol, tolerance=0.05):
    stock_data = yf.Ticker(symbol).history(period="1y")
    current_price = stock_data['Close'][-1]
    ma_50_days = stock_data['Close'].rolling(window=50).mean()[-1]
    return abs(current_price - ma_50_days) / ma_50_days < tolerance

# Uso:
symbol = 'AAL'
is_candidate = price_near_ma(symbol)
print(f"¿La acción {symbol} tiene el precio actual cerca de la media movil de 50 dias? {is_candidate}")
```

En este screener buscamos aquellas acciones que estén aproximadamente en la media de 50 sesiones. Aproximamos con una tolerancia para encontrar aquellas que estén un poco por encima o un poco por debajo.

7.9 Acciones con canal estrecho

```
import yfinance as yf

def price_in_narrow_bollinger_bands(symbol, band_width=0.1):
    stock_data = yf.Ticker(symbol).history(period="1d")
    std_dev = stock_data['Close'].rolling(window=20).std()[-1]
    ma_20_days = stock_data['Close'].rolling(window=20).mean()[-1]
    upper_band = ma_20_days + (std_dev * 2)
    lower_band = ma_20_days - (std_dev * 2)
    current_price = stock_data['Close'][-1]
    return lower_band * (1 - band_width) < current_price < upper_band * (1 + band_width)

# Uso:
symbol = 'AAPL'
is_candidate = price_in_narrow_bollinger_bands(symbol)
print(f"¿La acción {symbol} tiene el precio actual en un canal de precios estrecho? {is_candidate}")
```

En este ejemplo, utilizamos las Bandas de Bollinger para identificar acciones cuyo precio actual se encuentra dentro de un canal de precios estrecho en comparación con su promedio móvil y desviación estándar.

Las Bandas de Bollinger son un indicador técnico popular que se utiliza para estudiar la volatilidad de un activo y determinar posibles niveles de sobrecompra o sobreventa. Consisten en tres líneas:

Media Móvil (MA): Esta es la línea central y representa el promedio móvil simple (usualmente de 20 días) del precio de cierre del activo.
Banda Superior: Se calcula sumando dos desviaciones estándar al valor de la media móvil.
Banda Inferior: Se calcula restando dos desviaciones estándar al valor de la media móvil.
El concepto principal de las Bandas de Bollinger es que la mayoría de los movimientos de precios deberían ocurrir dentro de las bandas. Cuando el precio sale de las bandas (por encima de la banda superior o por debajo de la banda inferior), puede indicar condiciones de sobrecompra o sobreventa respectivamente.

En el ejemplo que proporcioné, estamos interesados en

identificar acciones cuyo precio actual se encuentra dentro de un canal de precios estrecho, lo que puede indicar una fase de consolidación o baja volatilidad en el corto plazo

7.10 Acciones cerca de máximos históricos

```python
import yfinance as yf

def near_all_time_high(symbol, tolerance=0.05):
    stock_data = yf.Ticker(symbol).history(period="1y")
    current_price = stock_data['Close'][-1]
    max_all_time_high = stock_data['Close'].max()
    return abs(current_price - max_all_time_high) / max_all_time_high < tolerance

# Uso:
symbol = 'AA'
is_candidate = near_all_time_high(symbol)
print(f"¿La acción {symbol} tiene el precio actual cerca de máximos históricos? {is_candidate}")
```

En este ejemplo, utilizamos datos históricos de precios de acciones para determinar si el precio actual de una acción está cerca de su máximo histórico. Esto puede ser útil para identificar acciones que están mostrando un fuerte rendimiento o que están operando en niveles cercanos a sus puntos más altos.

Este screener te permitirá identificar acciones cuyo precio actual está dentro de un margen específico (tolerance) del máximo histórico, lo que podría indicar un fuerte rendimiento o una posible tendencia alcista en la acción. Puedes ajustar el parámetro tolerance según tu preferencia para definir qué tan cerca debe estar el precio del máximo histórico para considerarlo "cerca".

ACERCA DEL AUTOR

El autor es un experimentado analista financiero y desarrollador de software especializado en el campo de las inversiones y el análisis de acciones. Con una sólida formación en finanzas y una amplia experiencia en programación, combina su conocimiento en ambos campos para crear soluciones innovadoras y eficaces en el mundo de las inversiones.

Apasionado por la programación y las finanzas, decidió compartir su experiencia y conocimientos a través de este libro, que combina la potencia de Python con estrategias de inversión en el mercado de acciones. En su tiempo libre, disfruta explorando nuevos enfoques analíticos y desarrollando herramientas automatizadas para el trading algorítmico.

Este libro es el resultado una experiencia práctica y un interés en simplificar y democratizar el acceso a las herramientas financieras mediante el uso de la programación. El autor cree firmemente en capacitar a otros para que tomen decisiones informadas en el mercado de acciones y espera que este libro sea una guía útil y accesible para lectores interesados en combinar Python con el mundo de las inversiones.

www.ingramcontent.com/pod-product-compliance
Lightning Source LLC
Chambersburg PA
CBHW082222220526
45470CB00010B/3279